어쩌면 거짓말

어쩌면 거짓말

시산맥 기획시선 152

초판 1쇄 인쇄 | 2025년 6월 25일
초판 1쇄 발행 | 2025년 7월 1일

지은이 오승연
펴낸이 문정영
펴낸곳 시산맥사
편집주간 김필영
편집위원 최연수 박민서
등록번호 제300-2013-12호
등록일자 2009년 4월 15일
주소 03131 서울특별시 종로구 율곡로 6길 36. 월드오피스텔 1102호
전화 02-764-8722, 010-8894-8722
전자우편 poemmtss@naver.com
시산맥카페 http://cafe.daum.net/poemmtss

ISBN 979-11-6243-601-1 (03810) 종이책
ISBN 979-11-6243-602-8 (05810) 전자책

값 12,000원

* 이 책은 충청북도, 충북문화재단의 후원을 받아 문화예술지원사업의 일환으로 발간되었습니다.

* 이 책은 전부 또는 일부 내용을 재사용하려면 반드시 저작권자와 시산맥사의 동의를 받아야 합니다.

* 이 책은 교보문고와 연계하여 전자북으로 발간되었습니다.

* 본문 페이지에서 한 연이 첫 번째 행에서 시작될 때에는 〈 표기를 합니다.

* 저자의 의도에 따라 작품의 보조 동사와 합성 명사는 띄어쓰기가 달라질 수 있습니다.

어쩌면 거짓말

오승연 시집

| 시인의 말 |

물밑으로 내려오는 어둠처럼 깊은 골짜기였다.
두려움을 들키면 무너질까 봐
새벽이슬에도
발자국을 삼가며 걸었는데
등에 박힌 낯선 눈길을 지우려다가
샛길로 들어와 버렸다.

아직 말아하지 못한, 그러나 쭉정이는 아닌
이삭들을 그러모아 허기를 채우고
다시, 길을 잡겠다.

내게 시는 한 줄기 바람이어서
때로 비틀거리고 때로 가슴을 풀어헤치지만
앞만 보던 푸른 날들을 여기에 두고
다시 먼 길을 기약한다.

가끔, 빗줄기 요란해도 괜찮다

2025년 초여름
오승연

■ 차례

1부

갯벌의 안부를 묻다	19
햇살을 등지고	20
지금은 없다	21
3월	22
메타버스는	24
날지 않는 나비 길들이기	26
젖은 것들의 이설	28
침묵	30
가로와 세로	31
산신제	32
말의 발굴	33
대청호 오백 리 길 16구간	34
빛의 사각지대	36
자등명법등명	37

2부

아침은 멀다 41
반사경 42
열려라 참깨 44
깡마른 오후 46
다시 쓰는 자서전 47
어쩌면 거짓말 48
물에서도 뭍에서도 50
DNA 숨기기 52
멀리 간 손 54
빈둥지증후군 56
아침과 백열등 57
참견을 변경하다 58
오라비전 상서 60
사립문이 쓰러진 날 61

3부

무허가 건축물	65
아파트 전성시대	66
방과 후 학습이 필요하다	68
구인 광고	70
페르소나	71
궁금함을 읽다	72
봄비는 오시고	74
오후 한때 버스를 타고	75
희망고문	76
끝내 살아서	78
꽃을 추모하다	80
별의 안내를 따라	81
백중	82
평행은 없다	83

4부

열린 길	87
명랑해녀홈스테이	88
봄빛 아래	89
오후로 가는 빨강	90
댄스 댄스	92
1막 2장	93
겨울 주목	94
돌고 돌아서	95
구멍 난 하루	96
가시박을 거두다	97
하수오	98
친절의 이면	100
꽃신	101

■ 해설 _ 자등명법등명의 불빛으로
　찾아가는 기억의 시학 _ 박미라(시인) 103

1부

갯벌의 안부를 묻다

달빛에 손이 시린 내 고향에는
생각날 때만 숨을 쉬는 뻘밭이 사는데
제가 품어 기르는 것들을
어둑해지도록 쉽게 내주지 않는다

산그늘이 저만큼 돌아눕고
갈매기 떼 맨발로 겅중대는 해거름이면
뻘을 헤집는 바구니 저 혼자 부풀어서
소금밭을 다듬는 밀물을 꿀꺽인다

짠물에 절여진 손이 퍼올리는 저녁상에는
바다를 통째로 가져온 아버지의 뻘밭이 그득하고

끝내 속살을 내주지 않는 바지락 하나
이리저리 뒤적이다가
물먹은 석양에게 뻘밭의 안부나 묻다가

소라고동이 풀어내는 파도 소리 들으며
바다로 돌아가는 것들을
물끄러미 바라보던 저녁이 있었다

햇살을 등지고

개미굴을 탐방한다

여왕개미 병정개미 일개미 개미개미개미
에스컬레이터 위 질서의 알고리즘이 뒤섞인 풍경 속에서
휴대폰 검색왕이 깃발도 없이 앞장서고
간간이 친절을 가장한 소음방송이
목숨의 방향을 일깨운다

점점 넓어지는 지하 세계
금맥의 정보를 더듬는 눈빛들
오늘도 뒤로 뒤로 밀렸다는 궁색한 변명으로
등지고 온 햇살 쪽으로 거품 물고 달린다

푸른 조명 격 높은 장신구 세련된 구두굽 소리
잠결에도 눈을 밝힐 듯
어둠을 밀어낸 개미굴 속에서

나는 방향을 잃은 일개미이다

지금은 없다

앞마당 감나무 꼭대기에 물고기 떼를 가둔다

여러 날 다녀오신 먼 바다
마당으로 옮겨두고
빗질 정갈한 울안을 자꾸 돌아보는

아버지의 아버지 제삿날

툇마루 환한 별빛 아래
밤이 이슥하도록 마당도 잠들지 못하는데

이른 참견이 수확을 어루만지고
벗어놓은 고무신이 낮달의 시간을 엎지르고
여름벌레들 제 집인 듯 날아든다

감나무 위에서 물고기 헤엄치는 소리가
파도를 일구는데

하마 다녀가셨나
상현달 벗어놓은 밤하늘이 맑다

3월

가을 지난 농사꾼의 거친 목소리가
버스 안에 홍화씨를 뿌린다

부러진 솟대 같은 손들이
여기요, 여기요 꽃씨를 부른다
열 섬 스무 섬 허리에 매단 봄볕을 그을리며
큰애 대학으로 꽃봉오리 올리고
둘째 결혼으로 꽃잎을 펼치고

묵은 나뭇가지처럼 굽은 손가락은
꽃나무에도 가시가 있다고 중얼거린다

볶은 홍화씨를 끓여 마시면
허물어진 것들이 봄꽃처럼 일어선다는 걸쭉한 목소리에
속없는 주름은 해맑게 빛나고

구멍 난 시간들이
시멘트 바르듯 꼭꼭 채워진다는데
구겨진 설움이 봄꽃처럼 환하다
〈

그러거나 말거나 버스는 쉬지 않고 달리고

나도 노을 받으면 환하다고
붉으레 달아오르는 서쪽으로 몸을 돌려본다

메타버스는

담벼락에 눌러 사는 담쟁이의 이사

옆집 사다리에게
어디로 가는지 묻기엔 담이 높아서
문밖의 이야기나 들춰보는데

디지털이, 블록체인이, 채굴이
바벨탑의 언어 대 방출이다

분명한 것은
모두들 이사를 한다는 것인데

단단히 묶인 허리를 풀어내기가 여간한 게 아니라서
오그라든 살점을 살살 달래 맨살의 용기를 불러내야 한다

굳어버린 눈꺼풀을 풀어내면 가상의 현실이 보일까
묵혀놨던 짐을 들춰 손 없는 날도 잡아야겠다
내일은 바람이 가져오는 시간을 읽어볼까 한다

알고 싶지 않은 얘기들이 와글와글 하다는데

안경을 바꿔 쓰면 다른 세상이 열린다는데
자꾸 익숙한 것을 부르는

나는 내가 불안하다

날지 않는 나비 길들이기

혈관 위에 앉아있는 나비 날개를 자주 바라본다

나비가 날아들기에는 두꺼운 창 쪽으로
마른 팔뚝에 내려앉은 나비바늘의 푸른 날개

붉은색을 좋아하는 실눈으로 먹이를 찾아
주린 숨을 몰아쉬고 있다

잡아둔 날개가 퍼덕이는 날에는
제 목숨이 먼저 허공에 이른다는 진실에

날개 달린 것들은 꺼진 불빛으로 접어야 한다고
저 날개를 잡은 손가락이
음계 없는 자장가의 곡조를 찾으면

하얀 벽 쪽으로 들릴 듯 말 듯
묵직하게 두근거리는 심장의 노래

초록 나비가 다시 올 것을 알기에
팔 위에 내준 길을 막지는 않겠지만

엄마를 대신해 나비날개 접을 손이 있다면

하늘에 맡긴 운명에 덧대어
그대의 몫까지 훨훨 날아줄 텐데

젖은 것들의 이설

바퀴 달린 가방이 장롱 밖으로 다리를 내밀었다

인심 좋은 사람처럼 둥글둥글한 모양으로
여행자의 손에 들려 마트를 탐색하거나
낯선 거리의 추억을 담기도 했을 것이다

택배라는 문명에 밀려 장롱 속으로 숨어든 지 오래
어둠 속에서도 마음은 허공을 가르며
안쪽 주름을 펴 보았을 것이다

혼자서 접었다 펴는 노을의 냄새
부푼 시간을 가져간 변명은 아니라도
드물게 종이봉투를 만지작거리며
성분을 검색하기도 한다

번번이 다른 이유로 구겨진 지나간 달력을 찢고
저만치 내닫고 있는 마음의 거리

한 번도 가른 적 없는 지퍼를 열고
무게를 견디는 바퀴의 쓸모를 깨워

문을 나선다

비 오는 날에는 종이의 자리가 없다고
젖은 옷을 여미며 발끝을 걷어 올린다

한 치 앞을 고르는 세상이다

침묵

꼭꼭 눌러둔 가슴을 소리 밖으로 끄집어낸다

뜬구름의 울림을 헹궈 닦은
정갈한 문지방
고요를 감싼 바람도 숨이 멎는

단청 아래 꽃으로 환한 바람을
묵언의 염주알에 매어두고

가시 박힌 듯 뱉어내지 못한 말들을
굴리고 녹이고 삭혀서 가슴을 연다

바람도 댓돌 위에 멈춰서고

제 허리 감아 도는 메아리만
도랑을 건너가는 산사의 아침

노스님은 간 데없고 문패 정갈하다

가로와 세로

세로로 줄서기 하는 차도 위에서
목숨을 내걸고 가로로 달리는 청설모
늘어뜨린 꼬리의 가로줄이 목숨을 끌고 간다

세로를 가르고 깜박이는 신호등

타인의 목숨에 예의를 다하겠다고
밤낮없이 불을 밝히지만

부딪히는 것들에 대한 변명으로
어떤 이의 통곡 앞에서 조문해야 할지

달려오는 불빛을 가늠하지 못해
목숨과 바꿔야 하는 본능이
길은 있으나 없는 길을 함께 가는 세상이다

무책임한 노란 선을 비웃듯 붉은 단풍이 한가롭고
나는, 가로 세로를 셈하며 횡단보도를 건너고 있다

목숨은, 그리 믿을 것이 못 되는 듯하다

산신제

산신령을 뒷배로 높이 올라앉아 웃고 있는
돼먹지 못한 돼지

아직 서격한 눈발에 기침 터지고
상차림 아래 서릿바람 부는데

곁눈질로 힐끗 바라본 돼지머리 입에
흰 봉투 난분분 흩날리고

바람이 지나가는 자리
벌어진 입은 함박웃음이다

상춘객들에게 산은
산신님 품 안의 놀이터

구름 걷어낸 산자락
내내 안녕하시라

말의 발굴

물끄러미, 식어가는 냉잇국을 사이에 두고
청과 백으로 갈라져 극적 없는 모국어가 숟가락에 얹혀있다

물오른 새봄이 발목까지 와 있는데
무릎에 얹혀진 찬바람은 일어설 줄 모르고
갈라진 목소리를 눌러 삼킨다

건너간 마음을 보내지 못해 여읜 울타리가
말을 잃어가고

담장 밖 천등을 거머쥔 침묵이 집 안으로 들어와
기울어진 등짝을 할퀴며 거꾸로 가는 한나절

선명한 약속을 지우며
습관처럼 내뱉는 주인 없는 말

불어터진 첨묵을 모른 체하며
상형문자로 떠 있는 낮달에게 떠넘긴다

따뜻한 말들은 어디에 사나

대청호 오백 리 길 16구간

세상과 멀어진 소전리 외길

물기를 거둔 낙엽이
말을 잃은 아낙의 주름을 알아챈 듯
먼 산을 이고 있다

눈치 빠른 구름이
오래된 선착장 안으로 햇살을 잡아두고 있다

물살을 치고 가는 들끓었던 지난날

수능 망친 아이의 미련을 벗어나
으슥하도록 굽은 길을 돌아 붉은 가슴을 태웠다

뱃전에 토해낸 불길이 희미해지고
허물어진 기억이 강물에 떠다니고 있다는

소전리 벌랏한지마을!
가슴은 시원하고 눈시울은 뜨거운 마을

〈
아이의 눈빛기 호수 저편으로 일렁인다

빛의 사각지대

안경에 비친 이층집 오렌지 불빛이 화근이었다

잠을 걷어내고 더듬이를 세우는 여름벌레 한 마리가
문 앞에서 날개를 퍼덕인다

벌레의 날개 끝에 글자를 세워두고
늙은 내 손을 접었다 폈다 불빛을 잡아보는데

허름한 아이의 주머니에 주광색 전깃불이 들어가
헛것을 만들어 날아오르게 한다
발끝을 세우고 걷다가 넘어진 계단에서
아이는 오렌지색 불빛에 젖은 모래를 퍼올리고 있다

주문 같은 희망을 걸어 밤을 견디지만
어둠을 볼모로 쓰러지는 이층집 불빛

핏기 잃은 아이의 투명한 눈빛을
노을 진 가슴으로 끌어당긴다

과묵한 바다의 짠내를 훔쳐보던
시퍼런 젊은 날이 내게도 있었다

자등명법등명

옭아맨 너덜길에 시치미를 떨구고
허공에 핀 헛꽃을 찾아 나선다

저만치 앞서던 석양이 이미 알고 있다는 듯
한쪽 눈을 감아준다

물빛을 먹어버린 연못 위로
나를 부르는 염화미소

잎새에 숨긴 꽃잎의 색을 찾으려
엎드려 등줄기를 세운다

내가 쫓는 등불이
나를 태우지 않기를 바라고 바란다

자신을 등불로 삼으라 했다

2부

아침은 멀다

어둠이 발목까지 차오르는 골목길에 방향을 잃고 저물어가는 발자국을 밝히는 가르등

어둠을 껴입은 스무 살 아이의 굼뜬 걸음에 걸려 하마터면 무너질 뻔했다

일일이 참견할 수는 없지만 적당히 라는 말로 거리를 두며 무책임한 자유를 엿볼 뿐이다 잠깐 눈을 감을 때도 있지만 허락된 시간을 드고 잠들 수가 없다
　가끔 새벽녘에 졸기도 하는데 금방 들켜서 놀라기도 한다
　충혈된 눈으로 어둠을 들춰내며 아침이 도착할 때까지 처진 어깨 위에서 졸고 있는 지난밤

골목의 아침은 늘 먼 데서 웅성일 뿐,
햇살보다 먼저 도착한 허기가 기지개를 켠다

아침은 멀다

반사경

주차장 입구 측백나무 가지에 반사경이 걸려있다
누가 저렇게 아름다운 눈동자를 만들었을까
측백나무 초록이 한껏 떠받들고 있다

다가오는 것들마다 누르고 자르고 찌그러뜨리는
저 반사경은 유머를 아는 종족 같은데

오늘은 아랫집 새댁의 부른 배를 내 자동차 유리창으로 밀어 넣는다

언제 눈을 깜빡이는지 본 적은 없지만
더러는 저 눈빛을 피해 지나간 사연들도 있을 테지만

사람도 자동차도 한 번 눈에 들면
왜곡된 시선이 진실이 되는지
어쩌다 충혈된 눈으로 이마를 찌푸리기는 한다

핏빛 노을 없이도 뜨거운 눈빛으로
산목숨에 제 목숨을 내걸고 있는 반사경 얘기일까
〈

우리 동네에는
측백나무에 눈이 달려있다는 소문이 있다

열려라 참깨

밤을 이긴 아이의 목소리가 서걱거린다

하나뿐인 별에게 이름 붙일 면접시험을 앞두고
갈라진 목젖을 가다듬고 있다

학교도 직장도 결혼도 만남이 있는 곳에서는
늘 A4 용지에 나를 심었다

촉촉한 물빛이 나뭇잎을 깨우고
빗방울이 빌어온 나직한 속삭임에 참견하여
시를 베끼고 있는 나는

샛눈으로 심어둔 욕심을 들춰본다

손사래로 눈은 가리지만
가슴은 깊은 궁금증을 캐고 있다

가치에 가치를 더하는 갈림길
등용의 문에 줄을 선 나는
〈

길게 뺀 목으로 담장을 더듬는
뿔 없는 짐승의 자손이 된다

아이의 등용문이 활짝 열리는 백일몽을 꾼다

깡마른 오후

'일어나라, 밥 먹어라'
누대에 걸친 엄마의 잔소리

두런두런 옆집의 밥상에서도
벽을 허물고 들어오는 찰진 잔소리

졸음 덕지덕지한 아침밥상에서
엄마 잔소리에 뒤섞인 모래알을 퍼먹는다

훌쩍 큰 키만큼 두꺼워진 벽을 두고
혼자 먹는 밥상에 마주 앉은 적막

엄마보다 큰 배달음식이 가지런하다
나무젓가락이 집어 올리는 낯선 밥상
목젖을 넘어가던 고요에 헛기침이 쿨럭인다

어디에도 없는 엄마의 잔소리가 우렁우렁 들린다

바람이 문짝을 당겼다 놓는다

다시 쓰는 자서전

직선으로만 간다는 시간 앞에
굽은 길을 돌고 돌아 한곳에 멈춰있는 어머니의 시간

팽팽한 외줄을 밟고 서 있는 그이는
접어둔 감정을 시퍼렇게 펄럭이며 배회 중인데
관객이 필요 없는 연극의 주인공으로
혼자 울고 웃는다

희미해진 지문으로 써 내려가는 두 번째 자서전을
붉은 바탕색으로 펼쳐 두었지만
목숨을 담보로 적어가는 기억의 오류에
쓰고 지우고 쓰고 지우고

피우지 못한 꽃을 석양에 내던지고
차가운 불꽃으로 저무는 중이다

어쩌면 거짓말

대낮에도 해가 들지 않는 고개를 두 개나 넘어왔다지

도깨비불을 본 적 있다는 전설이 무성한
검푸른 저수지를 두른 산자락
칠흑 같은 허기를 벗어나 허공에도 그늘을 그리며
무채색의 길을 묵묵히 걸어왔다지

처마 밑 제비들도 계절 따라 날아가고
빨랫줄에 걸린 옷가지가 여러 번 바뀌도록
아버지의 그림자는 그늘로 들지 못한 채 비틀거렸다지

심성과 그늘은 가는 길이 달라서
길어진 한숨으로 휘어진 엄마의 허리

헐거워진 신발코가 햇살 쪽으로 조문한 지 오래

엄마의 그림자가 흑백으로 길어지다가
선잠 깬 바람 같이 돌아눕는데

날마다 맑음이면 사막이라던 말을 베고 누워보지만

내 그림자는 기울어져 자주 구겨진다

그림자는 수직으로 그늘은 수평으로
수직과 수평 사이에서 킬킬대는 바람

나는 별이다가 바람이다가 자반뒤집기를 하지만
그래, 자주는 아니라고 해두자

물에서도 뭍에서도

무슨 잘못으로 가슴 한번 펴보지 못하고
등 굽은 엄마가 되었을까
어쩌다 물도 없는 땅에서
물먹은 새우를 닮아갔을까

길이가 다른 숟가락들의
어긋난 소리가 울타리를 넘을 때는
껍질을 벗어던진 소라보다 빨리
달아나고 싶기도 했을 텐데

물기 빠진 엄마의 그 자리가
내 꽃밭이 되었다니

굽은 등의 내력을 굳이 쓰자면
봄날을 기억하는 구간도 간간이 섞여있다

엄마에게서 베낀 등이 익숙하다
간혹 고래 싸움에 등이 버석거릴 때는
엄마의 굽은 등을 우산으로 부른다

땅 위에 사는 새우라니

바람이 몰고 온 바다 냄새에서 수평선까지는
한 뼘도 안 된다

DNA 숨기기

배꼽 속에 눌러둔 불씨가 푸르르 살아날 때가 있다

가슴에 담아두었던 햇볕은 한순간에 스러지고

걷잡을 수 없이 타오르는 불길에 휩싸인 채

말에 씨가 있어서 불은 점점 거세지고

잦아드는 불길까지가 점점 멀어진다

작정하고 동여매는 배꼽 줄기를 따라

타고난 DNA를 조작하여

이것은 분명히 당신 탓이다

당신은 내게 고운 말을 주지 않고 도망쳤다

이번에는 내가 도망치겠다

당신의 DNA에서 나를 삭제하고

평생토록 딸꾹질을 하겠다

나는 이미 멀리 왔다

멀리 간 손

사랑에 이르지 못한 매정한 손이었다

밥상 아래 웅크린 고양이처럼 떨면서 받아내던 매운 손이었다

사춘기의 소용돌이에 휘말린 오빠의 호르몬은
엄마의 한숨을 파먹으며 무럭무럭 자랐다

서둘러 먼 길 떠난 오빠를 두고
지워지지 않은 매운 손의 방향을 물을 곳이 없다

여름 땡볕 소나기 받아낸 몸으로
가을 단풍의 옛이야기를 훔치기로 하는데

곳곳에 박힌 시린 손의 기억 위로
오빠의 하늘빛 눈물이 스며든다

실없는 참견처럼 비라도 퍼부으면
속울음 숨아내는 통곡을 훔쳐보다 돌아가겠다
〈

봄날을 헤치고 떠난
기억의 손에서 불 냄새가 난다

빈둥지증후군

등걸을 비집고 나온 새순 하나
바람 뒤에 숨어서 고요하다

곁가지 없이 세상에 나와서

배가 닿을 수 없는 섬처럼
아침마다 이슬을 거둬가는 햇살에게 안부나 묻는
내 것이라 불리던 이름마저 희미해져 가는

빗줄기조차 길을 잃거나, 어둠이 꿈틀댈 때는
계절을 배우지 못한 잎을 붙잡고
나이를 물을 때도 있었다

길가에 너울대는 들꽃의 유래를 묻기도 전
저물어가는 쪽으로 빈 가슴을 들춘다

엄마의 마른 가슴이 노을을 삼킨 그쪽이다

아침과 백열등

백열등 불빛이 밤을 밀어내고
당신의 넓은 등이 문풍지를 막고 있다

처진 어깨 사이로 어둠을 헤집는 거친 손가락이
동짓달 긴 밤이 짧다며 아침을 당기고

이불 밖으로 나온 풋콩 같은 발가락들에
염화미소를 덮어주며 겨울밤을 다독인다

꽃 피거라, 꽃 피거라,
스치는 바람 소리에도 목을 세운다

떫은 감을 품은 단지 속 온기가 달콤한 홍시를 만들어 내듯
겨울밤이 다 가도록 당신이 내어주신 포근함이 있어

아직 열리지 않은 아침에 백열등을 밝히던 아버지

영산홍꽃이 앞마당에 활짝 피었는데
당신은 어디쯤 계시는지

참견을 변명하다

허공을 가르는 것들은 눈이 많은가 보다

엄마의 엄마와 키를 견주던 팽나무
새벽하늘을 깨우고 새들의 날갯짓에 간섭을 한다

잠들지 않는 잎새는 나를 기다리고 있을지도 모른다

어제보다 보이는 것들이 많아진다는 것은
내 키가 자라고 있다는 명백한 증거다

꽃처럼 환한 얼굴로 다가오는 네 등 뒤로
울그락 불그락이 보이는 것은
아직 영글지 않은 꽃망울을 여름으로 옮겨가는
너의 수고임을 안다

햇살을 견디는 겨우살이를
모른 척 눈감은 나를 들키고 싶지 않다

허공을 가르는 잎새가 흔들리는 까닭을
어디에 물어야 할까

〈
호수 위로 쏟아지는 분수의 무지개 아래
곁눈질로 바라보는 네 얼굴이 환하다

오라비전 상서

모로 누운 몸으로 저만큼 멀어진 당신
49일간 한 점의 줄임표로 만들어
기억의 조각배에 담아 띄워 보냅니다

길게 그린 생명선에
깊이를 가늠할 수 없는 당신의 흔적

한 송이 꽃으로 기대어
햇살의 눈 부심을 나눠 먹던
우리는 형제였습니다

오라비 가시는 길
눈물에 젖은 발을 기도로 감싸고 종이 옷 입혀서
인연의 마디를 한 번 더 만져봅니다

또 하나의 매듭이 만들어지는 날
오라비 계신 곳이 그리 멀지 않다기에
재회의 목록에 적어둡니다

사립문이 쓰러진 날

온 가족 수고를 내보내는 장날이다
곱은 손으로 밤샘한 식구들의 바람을 짊어지고
새벽길을 나서는 아버지

동짓달 짧은 해가 꽁지를 빼고 달아나는데
먼발치 담벼락에 어른대는 그림자

성긴 주머니에 담긴 땀방울은
마을 입구 점방집에서 녹아가고

엇박자로 날아가는 엄마의 살림살이

비틀거리는 그림자가 대문을 밀 때까지
돈주머니는 밖에 있다

깨끗이도 지워진 식구들의 기다림을 등지고
집 나갔던 설렘이 문지방을 베고 누웠다

3부

무허가 건축물

고독은 습기처럼 늘 차기 있다

밤이면 찾아주는 불빛도 없이
눈이라도 내리는 날에는
접은 날개를 벌려 둥지의 무게를 견디고

땅에서 떨어진 발은 어디에도 쓸모가 없다지만
네게로 가는 길을 잃어버릴까
기억을 촘촘히 적어둔 발톱에도 적막을 부리고

물기 빠진 바람이 시퍼렇게 밤을 덮으면

젖은 날개 쪽으로
경배를 올린 적도 있었을 것이다

한번쯤 울대를 크게 세워도 좋겠다며
물줄기 차오른 나무에서 날개바람을 훔쳐온다

잎끝에 남아있는 추위에 이름 하나 적어 둔다

아파트 전성시대

큰길을 사이에 두고 동트는 알람소리
비번을 무시하고 제멋대로 드나든다

거르지 않는 계절을 총총히 가져다주던 풀숲 주인은
흙더미 아래로 내려오는 소리를 움켜쥐고
말라가는 목숨의 나머지를 멀거니 바라볼 뿐

깊은 것들의 속내는 한가지라며
무표정한 포크레인이 저 혼자 요란하다

목숨의 시작이 뿌리에 있음을 알아낸 듯
땅속의 원주민을 밀어내고
신의 평정을 돌려 수직의 삶에 인간을 재배치한다

위로 위로 올라가는 불빛
층을 이루어 만든 새로운 바벨탑으로

여름 불빛 아래 모여드는 풀벌레들처럼
바글거리는 주민들
〈

날이 새면 올라가는 콘크리트 벽
꼭두새벽부터 줄 서서 들락거리는 저이들을
희망이라고 부른다

방과 후 학습이 필요하다

핏속에 흐르는 야생을 어둠으로 밀어 넣고
초식동물이 되어 일기를 고쳐 쓴다

뱀과 싸우고 들쥐를 잡던 날 선 위엄은
먹이사슬 어딘가에 기록으로 남았겠지

윤기 흐르는 털갈이에 종족의 내력을 옮겨 적으며
구석으로 파고드는 시간들
진화하는 하루가 방 안에 그득하다

햇살을 가린 먼지에 너를 가두고
얼굴 없는 또 다른 얼굴

어느 처마 아래로 숨어들어야 할까

야생을 벗는 고양이
색을 잃은 지구
변해가는 얼굴

부뚜막 지키던 새끼 고양이를 바라본다

〈
한때, 밤도 삼키는 야생이었다는데

구인 광고

소리를 잃어버린 새가 있다

서쪽으로 스러지는 햇살에 그림자를 비춰보다가
스멀스멀 새어 나오는 기억을 꿀꺽 삼킨다

마른침으로 삼킨 소리들이
모양도 색깔도 잃어가고 있는데

제 몸으로 향한 가시는
소리를 매단 채 맨발을 내놓고 허공을 가르는 일이어서
더러 피를 토하기도 하는 비극이 되기도 하는데

가시밭을 지나온 말들이 비틀비틀 돌아선다

등을 보이는 것들은 꼬리표가 있어야 한다고 주장하지만
종종 가시 속에서 피운 붉은 꽃을 보기도 한다
저 꽃 이름을 전해 줄 통역이 필요하다

잃어버린 소리들은 어디서 서성일까
꽃이 되었을까
바람이 되었을까

페르소나

그가 내게 올 때
문패 달린 꽃밭에 뿌리내린 줄 알았다

꽃잎 떨어지고 바람이 물기를 거두는 동안에도
사진 속의 미소는 불꽃처럼 뜨겁다

저만큼 비켜선 그를 두고
한때 쏘아올린 메아리를 찾아
문밖을 서성일 때도

촉촉한 눈매로 박혀있는 당신이
여전히 그대로인 것은
내가 쓴 소금 가면 탓일 텐데

말라버린 꽃잎의 안부를 삼키는 일에도
가면을 찾아 쓰며
못다 핀 꽃의 이름을 입안에서 굴려본다

햇살 가득한 꽃밭을 가꾸려던 내게는
다 지워진 꽃밭의 주소가 있다

궁금함을 읽다

앞마당 빨랫줄에 모여서 어깨를 토닥이는 가족

늦은 밤까지 땀에 절어 허리를 펴보지 못하던,
지갑과 체면을 저울질하다 몇 달 치 월급을 담보로 옷장에 들어온,
세 밤 자면 대문을 활짝 열고 튀어 나갈 옷

울 밖에서 묻혀온 낯선 향이 다 마를 때까지
바람의 행로를 물어 날리고 날려 보낸다

저 아래 느티나무 옆집 마당에서
나부끼는 옷가지들은 말 안 해도 알겠다

오늘은 그 집 손주가 놀러 와서
할머니 웃음이 담장을 넘어
동네 한 바퀴 돌아나가는 걸

대문이 높아진 만큼 내걸린 옷의 안부를 물을 수 없지만

잠긴 철문 안에서 벽을 타고 나오는

웃도는 소리에 귀를 세우는 것도 그대로여서

저 혼자 색을 찾는 단풍처럼 길을 묻는 몸짓에
무늬를 입히는 중이다

봄비는 오시고

나무에 앉은 빗방울의 다른 이름을 생각한다
가슴에 품고 사는 얼음보다 차가운 물을 꽃이라 우겨볼까

향기까지 베끼지는 못하겠지만
허기진 가지의 손톱 위에 꽃으로 피었다고

이르지 못한 것들의 그림자에 걸려
아물지 못한 생채기를 어루만지는
저 빗방울의 투명

늙은 나무 등걸을 의지하는 투명의 고요가
이름 앞에 꿈틀대고

봄의 방향으로 물을 올리는 나무의 그렁그렁이
마른 가지마다
제 이름을 새기고 있는 푸른 저녁이다

오후 한때 버스를 타고

목적지는 시간에게 맡기고 버스에 오른다

닭장을 베낀 듯 좁아터진 자리에
생각이 넘나드는 의자를 툭툭 쳐내며
버스 유리창을 사이에 두고

행운처럼 스쳐가는 저 곳에도
보이지 않는 의자들이 깨어있겠지

창밖을 더듬는 눈동자들이
죽은 시간 위를 구르는 먼지처럼
버스의 방향을 살피고 있다

벨트에 묶인 의자의 깊이를 가늠하며
구름 걷힌 산자락을 본다

아침부터 들고 온 내가 만든 닭장을 부수고
길 없는 곳으로 나가야겠다

누구라도 나를 가두지 말아라

희망고문

천 년 고찰의 단청을 돌며 묵상을 퍼 나르는 산새들

바위에 모셔진 미륵보살님 기다려
바람도 천 년 나무도 천 년
내 소망도 천 년 즈음에서 숨을 고르고 있다

뿌리 드러난 등걸에 바람길이 선명하고
때마다 들려오는 염불소리에 나이테 빼곡하다

갈라진 가지위로 어린잎새가
마른기침을 쿨럭이며 깨우는 계절
헤픈 구름이 다녀가면 몇 날을 잠 못 들고
잎새의 그늘에서 진액으로 굵어진 마디

빗장 벗은 문살 안을 기웃대며
긴 호흡으로 두 손을 모아 잡는다

당신께 새겨둔 핏빛 같은 소원은
천 년이 지나도록 저물 줄 모르고

무성한 잎새는 다시 으름을 지나는데,

미륵부처님은 언제쯤 도착 하시려나

끝내 살아서

뒷산에 우뚝 선 소나무를 본다
맨살의 기록이 거칠거칠하여
바람 스치는 잎새에서 툭, 툭, 터져 나올 사연 그득한 듯
길 한가운데를 차지한 뿌리가 고집스럽다

짝을 이룬 새들이
춤추고 노래하고 술래 잡는 날들에
솔가지 사이로 햇살 들이던 때도 있었을 것이다

몸집이 저만한 걸 보면
근처 어딘가에 자손들이 있을 것도 같고
제 가지 지키기도 등이 휘는데
어쩌자고 길을 막아서서 산을 지키고 있을까

바람 냄새 따라가다 샛길 돌아왔다는 말도 있지만
이래저래 마디가 굵어진 것으로 소문을 밀어낸다

죽음을 엿본 짓무른 옹이를 두고
독감처럼 앓은 적도 있지만
그쯤이야

〈
별빛이 잠을 깨운 어느 날
날것들의 소식을 듣는
소나무가 있다

꽃을 추모하다

나팔꽃처럼 수줍은 얼굴에 붉은 입술이 환하다
햇살을 등에 두르고 총총히 행운을 심던 그녀

짧아진 한쪽 다리를 달래며 시린 밤을 지나
외딴집에 들어온 봄소식을
밤벌레의 안식처로 만들기도 하던

오래된 마을의 봄꽃이던 그녀가
불꽃으로 사라졌다

발목에 두른 시름을 들킨 것일까
속내를 드러낸 검은 연기가
가져간 그녀의 꽃 무덤

색 바랜 그녀의 신발도
그림자를 채가듯 함께 사라지고

웃음을 거둬간 날것들이 눈뜨기 전
어둠을 불러내어 이별을 고하는 중이다

별의 안내를 따라

　어린것들의 손을 잡고 가뭇한 주소를 읽으며 인적 드문 골목길 더듬어 들어선 오근장역
　아이들의 눈망울이 기찻길을 앞지르고

　오래 낯익었던 전봇대가 바람 뒤로 숨는다 그가 있다는 저기 낯선 주소지에서 만들었던 웃음은 계절보다 앞서 들려오는데

　이제 기억을 더듬고 더듬어도 아득히 지워진 기찻길 나들이

　저물도록 기다려줄 것 같던 저녁별이 희미해지고 차표도 없이 서성이는 오근장역에 시처럼 어둠이 뒤덮이는데

　쏟아질 듯 술렁이던 나의 어린 별들은 어떤 어둠 속에 정박했는지 신화가 지워진 간이역을 호명하는 밤이다

백중

자주끝동 소매를 깨꽃에 묻고 고랑을 누비던
어미의 굽은 등이 어른거리고
동네 어귀 무덤가 원두막 아래
흰머리 틀어 올린 할미의 마른기침이
어둠을 깨우는 소리 들린다

해마다 몇 명은 빨려든다는 사연 많은 저수지 물은
등골 타고 흘러내려 발걸음 천 리 길이다

여름은 그렇게 나를 키웠다

촛불에 녹아내린 여름이
목련존자 어미 찾는 그 길을 일러주어
탯줄부터 익숙한 심장 소리 찾아 나선다

염불하는 목탁 소리 움켜쥐고
까치발에 힘주어 올려다본 하늘 저편에
켜켜이 줄 세운 나를 닮은 내가 보이지만

나는 어디로부터 왔을까?
묻고 묻는다

평행은 없다

한쪽 팔이 긴 이정표를 따라
발자국 가득한 등산길로 접어들면
비 온 뒤 태어난 친절한 황톳길이
신발코가 들썩거리도록 발바닥의 의견을 묻고

아는 체하는 낙엽들 아래 잠든
가을의 안부를 뒤적인다

발가락 사이를 밀고 올라오는 묽은 황토물이
떠나간 첫사랑처럼 쿨럭일 때면

저 부드러움이 불 앞에서는 서슬 퍼런 장벽이 되고
돋아나는 새순들을 품기도 한다는데

땅의 소리에 물음표를 붙이듯 신발을 벗는다

한 발로 내딛는 설렘이
두 갈래 평행선을 저울질한다

4부

열린 길

누구의 영역인지 궁금해서가 아니고
그저 가까이 가고 싶을 뿐이다

거친 바위를 쪼개 모리를 만든다
백년을 기약하며 시멘트를 바르고
하늘의 허락을 구하는 중이다

나만의 길이라고 단정했는데
굳기도 전에 들어오는 발자국들
자기장에 들리듯 파고드는 곁눈질

본디 새의 길이었을까
어지러운 새발자국에 갇혀 허둥대다가

내가 나를 가두어 길을 잃을 때도 있다

새들의 발자국에게
나만의 길을 묻고 돌아서며
젖은 눈을 달랜다

사방이 환하다

명랑해녀홈스테이*

날숨을 뭍에 두고 물속의 숨을 배웠다

인어의 지느러미를 베끼려는 긴 시간
해안가 노을과 내기해 본 적도 있지만
바다의 숨까지는 호흡이 길다

화강암 흔적을 덧댄 웃음은 제주의 얼굴이라고
하룻밤 안식을 청하는 손님들의 가슴에
해녀를 읽어주는 명랑해남님*

몸에 밴 바다 냄새가 깊다

소금기에 절여진 꽃잎에 두고 온 날숨이 깃들고
문고리 흔드는 바람은 저물도록 눅눅한데

제주 해녀의 역사를 살리고 살려
돌담에 새기는 이가 있다는

해녀의 얼굴에 바다가 출렁인다

* 제주 서귀포시에 있는 팬션.

봄빛 아래

바람 틈새로 반듯한 햇살이 파고드는
무지개를 두른 듯 눈부신 봄날이다

호숫가로 모여드는 아이들의 손에
물방울이 꽃처럼 맺혀있다
봄 햇살 속으로 달려가는 아이들

켜켜이 쌓인 겨울의 발자국이
금방 지워진다
봄은,
경계를 허문다는 소문을 잘라내
투명한 울타리를 쌓고 있는지도 모른다

그대라는 울타리가 소리 없이 붉다

오후로 가는 빨강

욕심의 다른 말이라는 독을 품고 살았다
독은 감추는 것이 불문율이라기에
웃음으로 덮고 누르고 호흡을 삼켰다

독사과로 아이를 잠재웠다는 오래전 동화처럼
달콤한 독을 먹은 적도 있다

석양보다 붉어질 때까지
가문을 만들어 가는 DNA를 품고 사는 까닭에
불볕을 견디는 데는 문제가 없다고

지구의 종말이 오더라도 한 그루의 사과나무를 심겠다는
어떤 이의 각오를 몇 번씩 눌러쓰며
헐거워진 문패를 조작하고 주소를 거들었다

저기, 떡잎도 없이 오후로 가는 빨강 앞에
정독과 오독의 경계를 묻는 붉은 가을을 두고

사과나무는 가을을 번역하고, 나는
해독에 이르는 주소를 수소문하고 있다

〈
웃음기 거둬내고 천천히 익어가는 가을 햇살이 환하다

댄스 댄스

소리를 잡을 수 있나요?
리듬에 몸을 실어야 하는데
마루를 긁으며 뿌리를 사칭하는 발가락
한 송이 꽃으로, 한 쌍의 나비로
꼭 잡은 손, 눈이 되고 길이 되고,
심장이 터지려나 봐요

나비의 날개를 훔쳐 입고 잡은 손
철 지난 잎새로 구멍 숭숭 바람이 드나들어도
초록으로 이끄는 꼭 잡은 손

주름진 이마 사이로 번지는 파란 웃음에
안고 왔던 시름은 거짓말이 되는데

상상의 몸짓이 음악을 따라가면
마루를 딛고서 한 뼘 더 자라난 발꿈치

마주한 어깨 너머로
거울이 보일 듯 말 듯

나비의 날갯짓이 손안으로 들어오네요

1막 2장

시커먼 혓바닥으로 제가 저를 핥는 밤바다

익고 또 익어 절벽마저 짠 내로 절이는데
혼자서 살아나 달빛을 전하는 저 나무는
꽃으로 나비로 너로 나로

우주가 거기에 머물고 있다

굽은 허리를 맹목으로 세워 걷는 길
어둠이 차올라 별빛조차 지워진 그 길에서
내 길을 더듬는다

적막 속에 홀로 깨어있는 저 해당화처럼
달빛을 되새기는 내 별을 만들고 싶다

겨울 주목

파란 맹세만으로 태어난 가지들이
봄볕에도 해를 등지고 숨던 날들을 기억한다

푸른 숲으로 가는 길에 뒹구는 작은 돌멩이쯤이야.
물기와 허기의 만남이었을까
짓무르고 아물기를 몇 번
끝내 제 살로 받아들이지 못하고 곪은 채로 잘라내야 했다

심장 떨리는 소리를 구겨 장롱 안에 가두고 찬바람을 들여왔다
통각마저 잘려나간 진물은 챙이 넓은 모자로 감추고
깊숙이 들여놓은 신발을 꺼낸다

헛기침에도 바람 일던 가지에 연두가 올라오고
햇살 쪽으로 나이테를 감아 겨울을 녹인다

반쪽의 가을 앞에 묵은 열매를 꺼내는 나무가 있다

구멍 숭숭 뚫린 나무를 알고 있다
살아 천년 죽어 천년이라는 나무의 이름을 안다

돌고 돌아서

외딴길에 홀로 바람을 견디는
휘어진 나무 같은 핏줄이 간절하게 흐른다

늘어진 살점을 열어 핏줄을 들이고
헐벗은 두려움에게 이름을 내어주면
비밀 같은 혈관을 돌아 나가는 목숨이 있다

꼭 다문 입술에 헛것을 지탱하며
걸러지지 않는 앙금을 씻고 또 씻어내는 붉은 피

짓무른 상처로 남은 오랜 핏기가
몸보다 길어진 핏줄을 타고 나와
바람의 날들을 기록하고 있다

혼자만 알고 있는 되돌아가는 길을
기억에서 찾을 때까지
비밀을 삼킨 채 꿀걱이는 살점의 죄는
처마 아래 숨겨주는 바람처럼 묻지 않기로 한다

두 개의 주삿바늘이 지탱하는 팔뚝 위로
놓지 못한 희망이 저울질하고 있다

구멍 난 하루

작약 뿌리에 구멍이 생겼다
두더지가 다녀갔을까 땅이 한 뼘이나 부풀고
발이 퉁퉁 부어 있다

수시로 곰팡이 떼를 풀어내고
시치미 떼는 흙덩이를 흘겨보지만

못다 핀 붉은 꽃의 기억은
조작된 해몽이라며 그늘로 몰아가고

어둠의 실수로 생겨난 갈라진 잎이
제 어미의 길을 두고 저물어 간다

벗어던진 더듬이의 기억을 나열하며
꼬인 뿌리를 수도 없이 돌려 세우지만

구멍 난 작약의 둥지는
예약 없는 선잠에 빠져들고

시나브로 꽃이 진다

가시박을 거두다

질긴 목숨이 꺼내든 빗길이다

간밤의 수다를 못 들은 척 입을 꼭 다물고
살겠다고, 살아보겠다고,
낯선 땅에서 감기처럼 버티는 가시박 줄기를 거둔다

굵은 등걸을 제 집처럼 타고 오르는
시퍼런 목숨의 물기를 거두고
뿌리를 잘라내기로 한다

단칼에 흔적을 지우고
한사코 뱉어내는 원산지 냄새를 지운다

거뭇한 바람으로 텃밭을 일구는 질긴 생명 앞에
마른 눈물을 못 본 척 울타리 밖 주검을 수습한다

두 발 사이로 흘러가는 물줄기
버려진 것들의 장례절차는 그의 몫으로 둔다

하수오

깊은 산의 영험을 뿌리에 가두었다는
옛말을 들었기에
마시면 새의 날갯짓을 가져올 것으로 믿는다

근거 없는 믿음을 사이비라 한다는데
검은 피의 실체가 궁금하여
캄캄한 침묵을 벗겨낸다

그림처럼 벽면을 차지하고
무임으로 눌러앉은 수년 동안
바람에 걸려 넘어진 소문까지 녹여낸 술병

검게 태운 가슴으로 꼿꼿하게 서 있는 술통에서
저 주검의 변명을 꺼내 마시면
술통 안에 써놓은 무채색을 훔쳐 올 수 있을까

묶어둔 시간을 풀어내 밤으로 들어가
태우지 못한 그리움을 하얗게 씻어내면
환한 아침이 올 거라 믿었다

휘휘 돌아서면 그 자리
속을 알 수 없는 그 자리

속고 또 속는다

친절의 이면

학습되지 않은 원숭이의 친절이
물고기를 죽일 수 있다는
가설에 대해 따져보기로 한다

자맥질하며 헤엄치는 작은 몸을
나무에 올려주는 친절이
목숨을 허공에 날리는 오류일 수 있다

익숙한 물속 호흡을 건져내고
새들의 날갯짓을
그림자로 잡아 와 입히려 한다

거리가 다른 숨소리
절망의 끝으로부터 털어낸 물기를
슬쩍 거둬가는 바람의 친절에도 주먹을 날리고 싶다

이럴 때 하는 말을
나는 배우지 못했다

친절을 가장한 허상이라도
때로는 지켜야 할 것들이 있다

꽃신

문지방을 넘으면 벗어날 수 있을까
멀리 간 생각에 기대어 신발을 고쳐 신는다

주름진 허세가 활짝 웃는 잔칫날이면
옷고름 안에서 딸꾹질하는 투명한 설움에
안개 가득한 아침을 당겨 신발코를 닦는다

얼음 길도 소금 길도 마다 않는 발걸음에
나무처럼 옹이 박히고 휘어진 발가락을 어르고 달래며
어린 햇살 쪽으로 옮긴다

발가락이 짓무를 때가다
모래바람 퍼 나르는 남쪽바다 해 질 녘을 꺼내 들지만
바다는 제 이야기만으로도 울컥이는데

가슴에 바다를 두고 석양 쪽으로 간 엄마는
굽은 발가락으로 꽃신을 신고 가셨다
바닥도 고운 새 신발이었다

가시는 길에 꽃비가 퍼붓기를

■□ 해설

자등명법등명의 불빛으로
찾아가는 기억의 시학
― 오승연 시집 「어쩌면 거짓말」 읽기

박미라(시인)

「자등명법등명」은 '자기 자신을 등불로 삼고 스스로를 의지하라, 또한 진리를 등불로 삼고 의지하며 다른 것을 의지하지 말라'는 석가의 가르침을 이르는 불교용어이다. 스스로를 등불로 삼고 살아가기 위해서 필요한 인간적인 노력과 성찰의 길이 얼마나 멀고 그단한가를 다시 생각해본다.

오승연 시인의 첫 시집 『어쩌면 거짓말』에서는 위의 말씀을 실천하자고 스스로를 담금질하는 정갈하고 섬세한 시세계를 살필 수 있다. 다수의 작품이 시인의 개인적인 삶에 치중한 듯 읽히지만 다시 읽으면 단순한 묘사를 넘어 독자 스스로의 삶을 돌아보게 하는 정서적 기반 위에서 존재에 대한 기억과 물음이 가득하다.

이러한 시적 접근은 자아의 타자화가 이를 수 있는 자리에서만 가능하므로 오승연 시인만의 깊은 내면적 성찰을 보여준다. 그의 시는 일상과 묘사, 상징을 탄탄한 유기적 상관물로 펼치며, 그 속에서 시간과 존재, 사랑과 상처가 지니고 있는 심층적 정서를 표출한다. 최선을 다한 자신의 속도로 보폭을 넓히고 있는 그의 문학 여정을 따라가 본다.

고향이 품었던 것들에 대한 기록이거나 고백

달빛에 손이 시린 내 고향에는
생각날 때만 숨을 쉬는 뻘밭이 사는데
제가 품어 기르는 것들을
어둑해지도록 쉽게 내주지 않는다

산그늘이 저만큼 돌아눕고
갈매기 떼 맨발로 경중대는 해거름이면
뻘을 헤집는 바구니 저 혼자 부풀어서

소금밭을 다듬는 밀물을 꿀꺽인다

짠물에 절여진 손이 퍼올리는 저녁상에는
바다를 통째로 가져온 아버지의 뻘밭이 그득하고

끝내 속살을 내주지 않는 바지락 하나
이리저리 뒤적이다가
물먹은 석양에게 뻘밭의 안부나 묻다가

소라고동이 풀어내는 파도 소리 들으며
바다로 들어가는 것들을
물끄러미 바라보던 저녁이 있었다

　　　　　　　　　－「갯벌의 안부를 묻는다」 전문

  오승연은 다수의 작품에서 경험에서 꺼내온 구체적 묘사로 작품의 근원지를 삼고 있다. 위의 시 「갯벌의 안부를 묻는다」에서는 화자의 감정과 밀접한 대상물을 호명하는데 바지락, 소라껍질, 석양 등 누구나 알고 있지만 스쳐 지나가기 쉬운 자연을 화자의 감정과 맞닿은 시적 장치로 사용하면서 시를 견고하게 한다. 제목에서 이 시가 과거를 불러 현재를 읽는다는 짐작을

하게 하지만, 단순한 풍경을 넘어선 서정시의 위치를 확보할 수 있는 것은 생생한 묘사에 있다. '달빛에 손이 시린', '생각날 때만 숨을 쉬는 뻘밭' 등은 시인이 겪어보지 않았다면 쉽게 나올 수 없는 표현이다.

우리가 시를 쓰고 읽는다는 것이 '존재 확인'의 한 방법이라고 할 때, 자신의 과거를 부정하거나 지워버리지 않고 현재에 불러들여 미래까지 함께 가려는 시도는 삶을 바라보는 긍정적 태도라고 하겠다. 과거가 모두 아름다운 것은 아니다. 그렇다고 '아름답지 않은' 과거는 나의 것이 아니라고 부정 할 수도 없다. 그런데 우리의 과거는 과거에 멈춰있는 것이 아니고 현재로 건너오면서 그 모양이 변한다. 어쩌면 자신이 원하는 모양으로 각색된다고 할 수 있다, 그러한 기억의 재구성은 자신의 삶을 긍정적으로 바라보는 변화를 불러온다. 고통 혹은 상처를 보다 새로운 시선으로 '다시 보기 하려는 형태를 문학의 순기능 중 하나라고 생각하는 것은 필자만의 해석일지도 모르지만, 우리는 그렇게 과거의 손을 잡고 미래로 나가는 삶을 살기 위해 쓰고 읽는다.

"때로 상처 또는 행복감으로 수렁에 빠지고 싶은 충동이 나를 사로잡는다."라는 베르테르의 문장을 기억한다, 그럴 때 우리는 '시'라는 수렁에 기꺼이 빠져드는 것이다. '소금밭을 다듬는 밀물을 꿀꺽이며' '짠물에 절여진 손이 퍼올리는 저녁상'에 그득한 '아버지의 뻘밭'에서 뒹굴던 자신을 '물끄러미 바라보는 저녁'이 그리움과 회한으로 가득하다는 것을 알아듣는 독자의 가슴도 뻐근할 것이다.

온 가족 수고를 내보내는 장날이다
곱은 손으로 밤샘한 식구들의 바람을 짊어지고
새벽길을 나서는 아버지

동짓달 짧은 해가 꽁지를 빼고 달아나는데
먼발치 담벼락에 어른대는 그림자

성긴 주머니에 담긴 땀방울은
마을 입구 점방집에서 녹아가고

엇박자토 날아가는 엄마의 살림살이

비틀거리는 그림자가 대문을 밀 때까지
돈주머니는 밖에 있다
〈

깨끗이도 지워진 식구들의 기다림을 등지고

집 나갔던 설렘이 문지방을 베고 누웠다

- 「사립문이 쓰러진 날」 전문

 세상에 아버지만큼 쓸쓸한 자리가 또 있을까 생각하게 하는 시이다. 아버지는 돌이고 나무등걸이고 뻘밭이고 사막이다. 화자는 사립문처럼 쓰러진 아버지를 탓하지 못한다. '온 가족 수고를 내보내는'이라면 식구들이 모두 매달려 일군 어떤 수확물을 지시할 것이다. 가장이 짊어지고 나간 노동의 대가는 '문지방을 베고 누운' 아버지의 일탈로 끝난다.

 그러나 저 아버지를 어찌 탓하겠는가? 빠지고 싶은 유혹이 가득한 세상에서 고단한 일상을 내던지고 싶은 아버지의 지극히 '인간적인' 일탈을 화자는 이미 이해하고 있다. 아버지를 향한 화자의 연민이 소리없이 흐느끼고 있다. 담벼락에 그림자를 세워둔 채 '엇박자로 날아가는' 살림살이를 모른 척 문지방을 베고 누운 아버지는 "망가뜨림에 대한 공포는 잃어버림에 대한 고뇌보다 더 강렬하다.(롤랑 바르트)"는 말의 현실이다. 가족이 기다리던 넉넉하고 따뜻한 저녁을 망가뜨린 아버지를 부디 나무라지 마시라. 차마 문지방을 넘지 못하는 가장의 후회가 전이

된 듯 쓸쓸한 풍경이다.

앞마당 감나무 꼭대기에 물고기 떼를 가둔다

여러 날 다녀오신 먼 바다
마당으로 옮겨두고
빗질 정갈한 울안을 자꾸 돌아보는

아버지의 아버지 제삿날

툇마루 환한 별빛 아래
밤이 이슥하도록 마당도 잠들지 못하는데

이른 참견이 수확을 어루만지고
벗어놓은 고무신이 낮달의 시간을 엎지르고
여름벌레들 제 집인 듯 날아든다

감나무 위에서 물고기 헤엄치는 소리가
파도를 일구는데

〈
하마 다녀가셨나

상현달 벗어놓은 밤하늘이 맑다

- 「지금은 없다」 전문

　이제 시인의 세상에는 '짠물 벌컥이던 갯벌'도 없고, '엇박자로 날아가는 어머니의 살림살이'도 없다. '문지방을 베고 누웠던 아버지'가 별이 되신지도 오래여서 마당 귀퉁이 '감나무 꼭대기에 물고기 떼를 가두'며 '아버지의 아버지' 제사를 모시며 하늘을 본다.

　이 시에서 시인은 참으로 많은 자신을 보여준다. 누구라도 겪어야 하는 삶의 변곡점을 지나온 고요한 나날들이지만 문득문득 돌아보고 싶은 어제와 빛바랜 수채화처럼 아련한 인연들을 잊지 못한다. '여름벌레들이 제 집인 듯' 드나드는 것이 감나무 우거진 집 안뿐이겠는가, 이제 조금씩 낡아가는 몸과 마음 속으로 드나드는 것들이 '감나무 위에 가둔 물고기 떼'처럼 '파도를 일구'고 있을 것이다. 지나간 것들을 돌아보는 정신적 고해를 통해 지금의 '나'를 추스르는 참다운 성찰의 자세를 확립할 수 있을 것이다.

사람 사는 세상 쪽으로 돌아서면 보이는 것들

배꼽 속에 눌러둔 불씨가 푸르르 살아날 때가 있다

가슴에 담아두었던 햇볕은 한순간에 스러지고

걷잡을 수 없이 타오르는 불길에 휩싸인 채

말에 씨가 있어서 불은 점점 거세지고

잦아드는 불길까지가 점점 멀어진다

작정하고 동여매는 배꼽 줄기를 따라

타고난 DNA를 조작하여

이것은 분명히 당신 탓이다

당신은 내게 고운 말을 주지 않고 도망쳤다

이번에는 내가 도망치겠다

당신의 DNA에서 나를 삭제하고

평생토록 딸꾹질을 하겠다

나는 이미 멀리 왔다

-「DNA 숨기기」전문

담벼락에 눌러사는 담쟁이의 이사

옆집 사다리에게
어디로 가는지 묻기엔 담이 높아서
문밖의 이야기나 들춰보는데

디지털이, 블록체인이, 채굴이,
바벨탑의 언어 대 방출이다

분명한 것은
모두들 이사를 한다는 것인데

단단히 묶인 허리를 풀어내기가 여간한 게 아니라서
오그라든 살점을 살살 달래 맨살의 용기를 불러내야 한다

굳어버린 눈꺼풀을 풀어내면 가상의 현실이 보일까
묵혀놨던 짐을 들춰 손 없는 날도 잡아야겠다
내일은 바람이 가져오는 시간을 읽어볼까 한다

알고 싶지 않은 얘기들이 와글와글하다는데

안경을 바꿔쓰면 다른 세상이 열린다는데

자꾸 익숙한 것을 부르는

나는 내가 불안하다

- 「메타버스는」 전문

    종이책이 점점 줄어들거나 사라지는 세상이 되었다. 필자처럼 종이책을 선호하는 세대도 줄어들고 있다. 인간이 만든 기계를 인간이 두려워하는 세상이 될지도 모른다는 우려가 있는 것도 사실이다. 그러나 기계문명에 익숙지 못한 세대들도 어느 만큼은 수긍하고 더불어 살아가는 중이다. 이러한 걱정에서 자유롭지 못한 정체성의 혼란을 걱정하는 것은 시인 또한 예외가 아니어서 오승연 시인의 시를 마주하고 숙연해진다.

    시 속에 나타난 낯선 용어들이 시의 흐름이나 이해를 방해하는 듯하지만, 이 시의 주제인 DNA와 메타버스 또한 현대 과학의 기술 언어다. '당신의 DNA에서 나를 삭제'하겠다는 것을 직역하면 핏줄을 부인하겠다는 말이 된다. 그러나 다른 시 「메타버스는」과 같이 읽어보면 화자의 의도는 거기에 있는 것이 아니고 인간 중심을 놓치지 않으려는 자아의 저항임을 알 수 있다. 여기에서의 '당신'은 '나'를 조종하는 기계를 지시한다. 사실은 내가 기계의 DNA에 종속되어 '메타버스'의 승객이 될까 봐

불안한 것이다. '당신의 DNA에서 나를 삭제'하고 싶지만 '이미 너무 멀리' 왔으므로 거부할 수 없다. '이번에는 내가 도망치겠다'라고 외쳐보지만 얼마나 부질없는지 우리는 안다. 서정시가 살아남는 방향을 물끄러미 바라보는 시인의 시선에 손을 얹는다.

> 학습되지 않은 원숭이의 친절이
> 물고기를 죽일 수 있다는
> 가설에 대해 따져보기로 한다
>
> 자맥질하며 헤엄치는 작은 몸을
> 나무에 올려주는 친절이
> 목숨을 허공에 날리는 오류일 수 있다
>
> 익숙한 물속 호흡을 건져내고
> 새들의 날갯짓을
> 그림자로 잡아 와 입히려 한다
> 〈
> 거리가 다른 숨소리
> 절망의 끝으로부터 털어낸 물기를

슬쩍 거둬가는 바람의 친절에도 주먹을 날리고 싶다

이럴 때 하는 말을
나는 배우지 못했다

친절을 가장한 허상이라도
때로는 지켜야 할 것들이 있다

- 「친절의 이면」 전문

　상대의 친절을 의심해야 하는 서글픈 세상을 '살아내야' 하는 현대인의 초상화를 보는 듯하다.
　이 시에서 시인은 원숭이의 시선으로 세상을 본다. 물에 빠진 물고기를 살려 주려는 친절이 물고기를 죽음에 이르게 한다는 비유를 불러서 관계의 중요성을 얘기하고 있다. 이것이 물고기와 원숭이의 관계를 이야기 하고 싶어서가 아니라는 것은 독자들이 먼저 아실 것이다. 인간 관계속의 과유불급이 어떻게 타인에게 해악이 될 수 있는지를 역설하고 있다. '천하에 경계할 일이 둘 있으니 하나는 운명이고 또 하나는 의리이다.(장자-내편)'라는 말을 생각한다. 원숭이가 물고기를 살려주려는 것이 목숨 가진 것들끼리의 '의리'였다면 원숭이의 시각으로 '물에 빠진 물고기는 자신의 운명'을 사는 것이다.

　자신의 눈으로만 세상을 살피는 '시인'이 아니기를 경계해야 한다. 시인은 '쓰는 사람'이기 이전에 '읽는' 사람이기 때문이다.

　일상에서 시적 주제를 불러오는 시인의 관찰과 관심이 또 한 편의 철학적인 시를 빚었다. 그러나 시인이 의도한 교과서적 교훈이 선명히 보인다는 단점 또한 짚고 가야 할 것이다. 때로는 말하지 않는 것이 더 큰 울림이 될 수도 있기 때문이다. "말은 침묵으로부터 그리고 침묵의 충만함으로부터 나온다.(막스 피카르트, 침묵의 세계)"는 말은 필자를 비롯한 모든 '쓰는' 이들이 깊이 새겨두어야 할 것이다.

지극히 인간적인 구원의 방향

　　옭아맨 너덜길에 시치미를 떨구고
　　허공에 핀 헛꽃을 찾아 나선다

　　저만치 앞서던 석양이 이미 알고 있다는 듯
　　한쪽 눈을 감아준다
　　〈

물빛을 먹어버린 연못 위로

나를 부르는 염화미소

잎새에 숨긴 꽃잎의 삶을 찾으려

엎드려 등줄기를 세운다

내가 쫓는 등불이

나를 태우지 않기를 바라고 바란다

자신을 등불로 삼으라 했다

— 「자등명법등명」 전문

인간을 변화시킬 수 있는 것은 종교와 마약뿐이라는 말이 있지만 필자는 그 말을 '종교와 마약과 문학'이라고 바꾸어 말하기를 즐긴다. 시인의 마음자리에서 「자등명법등명」이라는 깊은 사유의 시를 꺼내는 그는 문학이 인간을 변화시킨다는 필자의 주장에 다시 한번 확신을 가지게 한다.

고향으로 환치했던 과거로부터 기계문명의 현재에 발을 딛고 사는 오늘까지 끝없이 궁구했던 그의 문학세계가 철학의 문 앞에 닿았다고 느끼게 하는 이 시는 '나를 태우지 않기를' 바라지만 '스스로 등불이 되겠다'라는 겸허한 수행자의 자세를 극명하게 보여준다. 자아성찰과 존재 의미를 살피는 깊고 무거운 주제를 이만큼 이해할 수 있다면 그는 지금 '종교'와 '문학'으로 열리는 새로운 길 위에서의 '삶'을 가꾸고 있을 것이다.

    산신령을 뒷배로 높이 올라앉아 웃고 있는
    돼먹지 못한 돼지

    아직 서걱한 눈밭에 기침 터지고
    상차림 아래 서릿바람 부는데

    곁눈질로 힐끗 바라본 돼지머리 입에
    흰 봉투 난분분 흩날리고

    바람이 지나가는 자리
    벌어진 입은 함박웃음이다

    상춘객들에게 산은
    산신님 품 안의 놀이터

〈
구름 걷어낸 산자락

내내 안녕하시라

- 「산신제」 전문

"나무의 저항은 못을 박는 장소에 따라 다르다."(롤랑 바르트)라고 한다. 그의 종교는 자신의 생각 속에 박제되어 있는 종교가 아니고 몸 밖으로 꺼내어 타인과 나누는 실천이어서 「산신제」와 같은 작품을 쓸 수 있었을 것이다. 종교를 높고 무거운 자리에 모셔두는 것이 아니라 풍속과 믿음의 자리에 함께 불러낸 것이다. 화자는 모든 사물은 놓이는 자리에 따라 그 가치와 쓰임새가 변한다는 것을 이미 알고 있다.

'돼지머리'와 '흰 봉투'는 신을 호명하기에는 '놀이'로 변질된 풍경이어서 한편으로는 씁쓸할 수도 있지만 '산은 산신님 품 안의 놀이터'라고 누구라도 '내내 안녕하시'라고 품 넓은 종교의 미덕을 담담히 풀어낸다. 자칫 가벼운 웃음으로 읽을 수도 있겠지만 눈에 보이는 세태를 비판하면서도 공존의 가능성을 제시하며 자연을 존중하는 속내를 엿볼 수 있다. 시인이 스스로에게 '종교'라는 '못'을 박는 자세를 앞의 시 '자등명법등명'에서 읽었던 것처럼 '나'를 비켜 세우고 '타인(상춘객)'을 불러 세우는 아름다운 '어울림'의 자세가 겸손하다.

    '일어나라, 밥 먹어라'
    누대에 걸친 엄마의 잔소리

    두런두런 옆집의 밥상에서도
    벽을 허물고 들어오는 찰진 잔소리

    졸음 덕지덕지한 아침밥상에서
    엄마 잔소리에 뒤섞인 모래알을 퍼먹는다

    훌쩍 큰 키만큼 두꺼워진 벽을 두고
    혼자 먹는 밥상에 마주 앉은 적막

    엄마보다 큰 배달음식이 가지런하다
    나무젓가락이 집어 올리는 낯선 밥상
    목젖을 넘어가던 고요에 헛기침이 쿨럭인다

    어디에도 없는 엄마의 잔소리가 우렁우렁 들린다
    〈

바람이 문쯕을 당겼다 놓는다

　　　　　　　　　　　　　　　－「깡마른 오후」

　인간이 태어나서 먹는 어머니의 젖은 여덟 섬 네 말이라고 한다. 우리는 지금 '모유 실종 시대'에 살고 있지만 어머니에게 받아먹는 것이 젖뿐이겠는가?

　어머니에게 받았던 것들 중에는 어머니의 '잔소리' 또한 그득하다. '누대에 절친 엄마의 잔소리'를 받아먹으며 자라서 다시 그 '어머니'가 된 시인이 '엄마보다 큰 배달 음식' 앞에서 '헛기침이 쿨럭이'는 혼잣밥을 먹는다. 가지런한 배달 음식은 다만 가지런할 뿐이어서 어떤 감정도 묻어있지 않다. '어디에도 없는 엄마의 잔소리가 우렁우렁' 들린다니 아무래도 그 밥을 다 먹지 못할 것 같다. '어머니는 울고/나는 생각한다'라고 쓴 말라르메의 시가 생각난다. 대개의 '우리'는 어머니를 생각하며 '그때는 몰랐'다고 훌쩍인다. 이 시의 화자 역시 엄마의 잔소리 앞에서 밥을 먹으며 '모래알을 퍼먹는'다고 투덜거린다.

　어머니라는 존재의 본질을 깨닫기 시작한 화자 옆에서 '바람이 문짝을 당겼다 놓는다' 화자는 자신 앞에 펼쳐지는, 자신이 감당해야 하는 '텅 빔'의 진실 즉, 상실의 공허를 망연히 바라본다. 지금 여기 없는 엄마의 잔소리를 복기하며 기억의 환청 속에서 헤매는 것이다.

    주차장 입구 측백나무 가지에 반사경이 걸려있다
    누가 저렇게 아름다운 눈동자를 만들었을까
    측백나무 초록이 한껏 떠받들고 있다

    다가오는 것들마다 누르고 자르고 찌그러뜨리는
    저 반사경은 유머를 아는 종족 같은데

    오늘은 아랫집 새댁의 부른 배를 내 자동차 유리창으로 밀어 넣는다

    언제 눈을 깜빡이는지 본 적은 없지만
    더러는 저 눈빛을 피해 지나간 사연들도 있을 테지만

    사람도 자동차도 한 번 눈에 들면
    왜곡된 시선이 진실이 되는지
    어쩌다 충혈된 눈으로 이마를 찌푸리기는 한다

    핏빛 노을 없이도 뜨거운 눈빛으로

산목숨에 저 목숨을 내걸고 있는 반사경 얘기일까

우리 동네어는

측백나무에 눈이 달려있다는 소문이 있다

- 「반사경」 전문

 지금까지 살펴본 시와는 다소 다른 시각의 시 한 편을 읽는다. '화자 중심'을 벗어나서 '삶의 주변'으로 시선이 넓어졌다.
 지금도 측백나무 울타리를 가진 동네가 있다니 싶은 풍경이 반사경을 통해 보여주는 것은 관찰과 왜곡이다. 교통기구로서의 반사경이 아니다. '측백나무에 눈이 달렸다'라는 '소문'으로 마을의 '눈'으로 치환된 반사경은 '왜곡된 시선이 진실이 되기도 하는 감시자와 기록자이기도 하다. 화자의 '자동차 유리창으로' '아랫집 새댁의 부른 배를 밀어 넣는' 상황의 연출이 사뭇 유쾌하다. 화자가 이 시에서 전달하려는 메시지는 인간성이 흐려지는 미디어 시대의 진실에 대한 기준과 불안을 얘기하고 싶은 것이다. 핏빛 노을 없이도 뜨거운 눈빛으로/산목숨에 제 목숨을 내걸고 있는 반사경을 이야기하는 섬뜩한 관찰과 시적 시도에 전율을 느낀다.

나가며

문지방을 넘으면 벗어날 수 있을까
멀리 간 생각에 기대어 신발을 고쳐 신는다

주름진 허세가 활짝 웃는 잔칫날이면
옷고름 안에서 딸꾹질하는 투명한 설움에
안개 가득한 아침을 당겨 신발코를 닦는다

얼음 길도 소금 길도 마다 않는 발걸음에
나무처럼 옹이 박히고 휘어진 발가락을 어르고 달래며
어린 햇살 쪽으로 옮긴다

발가락이 짓무를 때마다
모래바람 퍼나르는 남쪽바다 해 질 녘을 꺼내들지만
바다는 제 이야기만으로도 울컥이는데

가슴에 바다를 두고 석양 쪽으로 간 엄마는
굽은 발가락으로 꽃신을 신고 가셨다
바닥도 고운 새 신발이었다

〈

가시는 길에 꽃비가 퍼붓기를

-「꽃신」 전문

　오승연 첫 시집 『어쩌면 거짓말』은 어머니(갯벌의 안부를 묻는다)로 출발하여 '어머니(꽃신)로 첫 시집을 닫는다. 시집의 정서적 마무리에 어머니를 고시면서 만감이 교차했을 것이다. 필자가 여기에서 그 의미를 짚어보는 것이 무슨 의미가 있겠는가.
　'발가락이 짓구를 때'까지 '모래바람을 퍼나르'던 어머니, '굽은 발가락에 꽃신을 신고 '석양쪽으로' 가신 먼길에 '꽃비가 퍼붓기를' 소원하는 화자의 기도가 하늘에 닿아 어머니의 다음 생이 환하실 것을 함께 기원한다.

　필자의 부족함으로 여기서 언급하지 못한 여러 편의 시가 있다. 독자들의 넓은 이해가 있으시기를 부탁드린다. 이제 첫 시집을 들고 문단에 나서는 오승연 시인이 더 오래, 더 멀리, 바라보고 걷기를 바란다.